थोड़ी सी कविताएँ

नवनीत मंगल

BookLeaf
Publishing

India | USA | UK

Made with ❤ on the BookLeaf Publishing Platform

www.bookleafpub.in

www.bookleafpub.com

Dedication

'थोड़ी सी कविताएँ', जुनून के प्रति इमानदारी और कर्तव्यनिष्ठा के निर्वाहण के बीच अपने और स्वयं के लिए समय ढूंढने के लिए समर्पित है। यह आस-पास उपस्थित के प्रति संवेदनशीलता को समर्पित है। यह प्रकृति, रिश्तों, और अहसासों को अलग और तरोताज़ा दृष्टिकोण से देखने को समर्पित है।

Acknowledgement

यह प्रकृति, रिश्तों, और अहसासों में विद्यमान विविधता और उसे समझने की संवेदनशीलता तथा परखने के लिए मौजूद मानवीय दृष्टिकोण के प्रति मैं हृदय से कृतज्ञ हूँ। यह थोड़ी सी कविताओं का संग्रह उन सभी व्यक्तियों के लिए हृदय से कृतज्ञता व्यक्त करता है जिन्होंने मन, वचन, या कर्म से प्रत्यक्ष या अप्रत्यक्ष रूप में समर्थन और प्रोत्साहन दिया। यह संग्रह हर पाठक के प्रति भी कृतज्ञता ज़ाहिर करता है।

Preface

'थोड़ी सी कविताएँ', एक ऐसा कविता संग्रह है जो आपको छोटी-छोटी कविताओं के माध्यम से हंसाएगा, हल्का सा गुदगुदाएगा, थोड़ी सी आँखें नम करेगा, और कहीं-कहीं चिंतन करने को प्रेरित भी।

समुंदर, बादल, आकाश, धूप, पंछी, आकाशगंगा, दो पेड़ जैसी कविताएँ प्रकृति को अलग और बारीक दृष्टिकोण से देखने का प्रयास है, और निश्चित ही पाठकों को भी उसी दिशा की तरफ देखने के लिए उत्साहित करेगी।

दोस्ती, गुल्लक, पिंपल, योगा मैट, बनता संवरता हुआ घर जैसी कविताएँ पाठकों को हंसाएंगी और हल्का सा गुदगुदाएंगी, वहीं ना बचा बसेरा, बांवरा मन, संयुक्त परिवार आदि कविताएँ पाठकों को जरूरी चिंतन करने को अवश्य प्रेरित करेंगी।

'थोड़ी सी कविताएँ' के सफ़र में आपका भव्य स्वागत है!

१. ना बचा बसेरा (पेड़)

संध्या का समय था,

सूरज ढल सा चुका था,

दूर दिखा कुछ एक पक्षी सा,

आंखें मली, सपना तो नहीं था!

पक्षी की छाया दिख ही गई,

मन में उत्सुकता जाग सी गई,

भागा उस छायाकृति की ओर,

आज सुनेंगे कोलाहल का रोमांचित शोर!

भागते ही बचपन सामने आया,

संध्याकाल पक्षियों का समूह याद आया,

उत्साह बढ़ा और बड़ी हुई छाया,

उर्फ क्या सिर्फ थी यह एक माया!

एक सूखी हुई टहनी का था साया,

यह बावरा मन इतना नहीं समझ पाया

रहने का जहां नहीं बचा बसेरा,

अंधकार जैसे ही तो है वहां सवेरा!

संध्या का समय था,

सूरज सच में ढल सा चुका था!

2. धूप

धूप में आज थोड़ी निराशा है,

कम पड़ रही आशा है,

सूरज से नाराज़ सी लगती है,

उसकी तेजी से थोड़ी बिगड़ती है!

तकलीफ नहीं देना चाहती शायद,

जलाना नहीं चाहती शायद,

थोड़ी उखड़ी-उखड़ी सी लगती है,

सूरज की तेजी से थोड़ी बिगड़ती है!

सूरज भी मंद-मंद मुस्करा रहा,

धूप को हल्के से सहला रहा,

ऋतु बदलेगी कल, समझा रहा,

समय की महानता, समझा रहा!

धूप में जगी फिर आशा है,

कम होती यह निराशा है,

ऋतु का फेर समझ चुकी

समय से तालमेल समझ चुकी!

3. दो पेड़

मेरे घर के आमने-सामने,

दो पेड़ आसमान को लगे नापने,

जैसे मानो कोई रेस लगी हो,

जंगल में न होने की ठेस लगी हो!

धूप आंगन से बिछड़ी, इतने लंबे हैं दोनो,

बिजली के तारों मैं जाके फंस गए दोनो,

मधुमक्खियों का मीठा घर बन गए दोनो,

थोड़े दूर, मगर जीवनसाथी जैसे हैं दोनो!

दोनो की ऊंचाई को कम करना,

मधुमक्खियों को घर से बेघर करना,

हां जी, बिल्कुल क्रूर था यह करना,

पर क्या ज़रूरी था यह सब करना!

चलो इस क्रूरता मैं थोड़ी अच्छाई ढूंढते

लकड़हारे के चूल्हे पर कुछ रोटी गूँथते

धूप को बिछड़े आंगन से फिर से जोड़ते,

चलो मधुमक्खी-पेड़ की नवीन कहानी ढूंढते!

मेरे घर के आमने-सामने,

दो पेड़ आसमान लगे नापने,

जैसे मानो कोई रेस लगी हो,

जंगल में न होने की ठेस लगी हो!

4. पंछी

दूर गांव का यह पंछी,

ना जाने क्यों अपना सा लगता है,

दूर गांव का यह पंछी,

ना जाने क्यों आशा को बुनता है!

यात्री यह तो असीमित आकाश का,

ना जाने इस टहनी पर ही क्यों बैठा है,

साथी यह तो घने बादलों का,

ना जाने इस वृक्ष की छांव में ही क्यों बैठा है!

कलरव करने वाला यह पंछी,

ना जाने झुंड से दूर चुपचाप क्यों है,

पंख फैला उड़ने वाला यह पंछी,

ना जाने अपने में ही मदमस्त क्यों है!

दूर गांव का यह पंछी,

ना जाने क्यों अपना सा लगता है,

दूर गांव का यह पंछी,

ना जाने क्यों आशा को बुनता है!

5. बादल

उड़े हुए धुआं का छल हूं,

सैंकड़ों अदृश्य बूंदों का संगम हूं,

कुछ देर श्वेत रंग से लुभाऊंगा,

आसमान में फिर गूंज मचाऊंगा!

गरजते-बरसते तो देखा होगा,

बनते-बिखरते भी देखा होगा,

चलते-थमते भी देखा होगा,

लेकिन शायद ही मेरे बारे में कुछ सोचा होगा!

पल भर में सैंकड़ों बूंदों का घर,

सबको समेट के एक सुंदर शिखर,

अगले पल फिर बिखर जाऊंगा,

जहां से आया हूं वहीं बिखरके समा जाऊंगा,

ढूंढोगे तो भी नहीं मिल पाऊंगा,

कुछ दिन बाद नए रूप में नज़र आऊंगा!

उड़े हुए धुआं का छल हूं,

सैंकड़ों अदृश्य बूंदों का संगम हूं,

कुछ देर श्वेत रंग से लुभाऊंगा,

आसमान में फिर गूंज मचाऊंगा!

6. आसमान

आज आसमान से दोस्ती कर ली,

कुछ अनकही उसकी समझ ली!

अक्सर मौन सा रहने वाला,

क्यों आक्रोश में बिजली कड़काता!

अक्सर खुली हवा सहलाने वाला,

क्यों बादलों के पीछे छुप जाता!

रोशनी अंधेरे मैं समांतर रहने वाला,

क्यों किसी के पकड़ मैं नहीं आता!

अनगिनत तारों का घर देने वाला,

क्यों खुद के लिए कोई आशियां नहीं बनाता!

आक्रोश करना और छुप जाना,

पृथ्वी को चलाने के लिए ज़रूरी!

असीमित होना मेरी प्रकृति है,

आशियाँ नहीं बनाना नियति है!

आज आसमान से दोस्ती कर ली,

कुछ अनकही उसकी समझ ली!

7. समुंदर

यह जो समुंदर का किनारा है,

कुछ ऐसा ही जीवन हमारा है,

गिरती संभालती लहरों का सहारा है,

कुछ ऐसा ही जीवन हमारा है!

कभी हलचल, कभी शांत हो जाता,

कभी उमंगों से भरा शोर मचाता,

कभी चांदनी को समेट के सोता

कभी सूरज की रोशनी में खोता!

दूर तक कुछ नज़र नहीं आता,

किनारे से जब यह दूर भाग जाता,

चुपके से फिर किनारे पर आता,

मिट्टी को संग ले रास नचाता!

यह जो समुंदर का किनारा है,

कुछ ऐसा ही जीवन हमारा है!

8. गुल्लक

एक आंख का पर हूं समदर्शी,

नित्य घटनाओं को देखने वाला पारदर्शी,

रखता चंद छनछनाने वाली अशरफ़ी,

पुरातन से लेकर हूं, आयेंगे जब तक कल्की!

हर घर का छोटा सा हूं मेहमान,

शोभा बढ़ाता हूं, नहीं कोई मामूली सामान,

बच्चों से लेकर वृद्ध हर किसी का खास हूं,

खुल्ले ना मिलने पर मैं ही तो आखिरी आस हूं!

बनते-बिखरते सपने देखता हूं,

हंसी उदासी सब ही तो झेलता हूं,

नोक-झोंक में खूब ठहकता हूं,

कभी उदासी में थोड़ा सिसकता हूं!

एक आंख का पर हूं समदर्शी,

नित्य घटनाओं को देखने वाला पारदर्शी!

९. पापा

थोड़ी हिम्मत कर ही ली आज,

शब्दों को जोड़ कुछ लिखने की,

थोड़े हिम्मत कर ही ली आज,

अपने अस्तित्व में झांकने की!

समुंदर मैं बूंद जैसी है यह कविता,

शब्दों को जोड़ कुछ लिखने की,

मासूम सी कोशिश है यह कविता,

अपने अस्तित्व में झांकने की!

क्या लिखूं, "पापा", को समझा दूं,

पूरा नहीं, हल्का-फुल्का तो बता दूं,

"कबीर" नहीं समझा सके, वो समझा दूं,

अस्तित्व की गहराई को नाप के दिखा दूं!

क्या करूं, हिम्मत काम ना आई

शब्द जोड़ लिखावट सामने नहीं आई!

इस गहराई को नापना नामुमकिन है!

"पापा" को शब्दो में रागेटजा नागुगकिन है!

१०. सफेद रंग का यह पक्षी

सफेद रंग का यह सुंदर पक्षी,

कहीं बहुत दूर से उड़ के आया,

पहली बार है देखा इसको,

फिर भी ना जाने अपनापन छाया!

सफेद रंग का यह हंसमुख पक्षी,

अपनी वाणी से मिठास फैलाने आया,

सफेद रंग का यह नटखट पक्षी,

कुछ प्यारे से पल लुटाने आया!

कितनी भी संज्ञाएं दे दो इसको,

सारी संज्ञाएं कम पड़ जाएँगी

सुंदर, बेज़ुबान, हंसमुख, नटखट

संज्ञाएं हैं पूरा नहीं समझा पाएंगी!

पक्षी है किसी और घर का

मालूम है इस चंचल मन को

बस सिर्फ दोस्त बन जाए,

यही आस है अंतर्मन को!

सफेद रंग का यह सुंदर पक्षी,

कहीं बहुत दूर से उड़ के आया,

पहली बार है देखा इसको

फिर भी ना जाने अपनापन छाया!

II. बावरा मन

मन तू तो कितना बावरा है,

संभल जा, तुझे संवारना है,

किन बातों में यूं तू उलझा है,

रुक जा थोड़ा, तुझे थामना है!

अस्तित्व की लड़ाई में क्यूँ उलझा है,

असीम ब्रह्मांड का रहस्य ही नहीं सुलझा है,

सुख-दुख के नियमों को क्यूं बांधा है,

आंसू-मुस्कान की गहराई को ही नहीं साधा है!

तुच्छ सी बातों में क्यूँ औंधा पड़ा है,

जीवंत आकर्षण तो सामने खड़ा है,

किस भूल-भरी खुमारी मे सोया है,

कुछ तेरा नहीं, फिर क्यूँ सिसक के रोया है!

मन तू तो कितना बावरा है,

संभल जा, तुझे संवारना है,

किन बातों में यूं तू उलझा है,

रुक जा थोड़ा, तुझे थामना है!

१२. आकाशगंगा

आज कुछ अद्भुत सा देखा,

कैसे बताएं क्या हमने देखा!

कुछ शब्द बयां कर जाएं,

शब्दों की ताकत कुछ कम है,

एक तस्वीर कुछ समझा पाए,
आंखों की हिमाकत कुछ कम है!

कहने को आकाशगंगा है,

ब्रह्मांड की प्रचंड रचना है,

तारों के झुंड की क्या लीला है,

धरती आसमान की रासलीला है!

देवत्व के अहसास से मिलती-जुलती है,

शांति सुकून की हर सीमा छोटी पड़ती है,

मन के हर कोने को छिटकती है,

आत्मा से जुड़ जाए ऐसी अनुभूति है!

आज कुछ अद्भुत सा देखा,

कैसे बताएं क्या हमने देखा!

१३. दोस्ती

बोलो तुम क्या है दोस्ती?

जहां चाय की दो-चार घूंट,

और बेमतलब की लंबी बातें,

बेहेंतिया खुशी दे जाती है!

बोलो तुम क्या है दोस्ती?

जहां बारिश मैं ट्रिपल सवारी,

और बेमतलब का पेट्रोल खर्च,

बेहेंतिया खुशी दे जाती है!

बोलो तुम क्या है दोस्ती?

जहां मीठी शरारत और हरकतें,

और बेफालतू की नोक-झोंक,

बेहेंतिया खुशी दे जाती है!

बोलो तुम क्या है दोस्ती?

जहां ज़रूरत पड़ने पर बैलगाड़ी,

और फिर बेमतलब की होशियारी,

बेहेंतिया खुशी दे जाती है!

14. स्कूल की दोस्ती

स्कूल की दोस्ती थोड़ी तो खास है,

बचपन से भरी चमचमाती मिठास है,

स्कूल की दोस्ती थोड़ी तो खास है,

सालों बाद भी मानो अभी का एहसास है!

नई बातों की ज़रूरत थोड़ी कम पड़ती है,

बचपन के किस्सों की अजीब मस्ती है

ठहाकों में हर परेशानी लगती सस्ती है,

बचपन से देखी मुस्कान की अजीब मस्ती है!

कुछ दिन इस मुलाकात का गुमान है,

बाकी सब लगता अब बेईमान है,

बातों में पुरानी यादें झलकती हैं,

चेहरे से अजीब सी खुशी टपकती है!

स्कूल की दोस्ती थोड़ी तो खास है,

बचपन से भरी चमचमाती मिठास है,

स्कूल की दोस्ती थोड़ी तो खास है,

सालों बाद भी मानो अभी का एहसास है!

१5. पिंपल

आज पड़ोस वाली आंटी बोली,

छोरी तेरे पिंपल उग गया,

सुन के बात उनकी यह,

100 डिग्री बुखार चढ़ गया!

काला सा मोटा सा,

होंठों के ऊपर चिपक गया,

अभी तो अकेला आया है,

यह सोच के जबड़ा हिल गया!

खूब मारा पीटी करी इस से,

कमबख्त टस से मस नहीं हुआ,

चारों तरफ बाम चोपड़ ली,

पिघला नहीं और बढ़ गया!

जाने कब जायेगा यह,

पूरे चेहरा का नक्शा बिगड़ गया,

और तो नहीं बढ़ जायेगा यह,

सोच के मन डर के सहम गया!

आज पड़ोस वाली आंटी बोली,

छोरी तेरे पिंपल उग गया,

सुन के बात उनकी यह,

100 डिग्री बुखार चढ़ गया!

16. कहानी

छल की यह चित्रकथा है या,

वर्चस्व की लड़ाई की कहानी,

प्रकृति की कोई सीख है या,

दिखावे से भरी कोई कहानी!

पहली नज़र में छल सा लगता है,

सत्य कम, दिखावा सा लगता है,

साथ में बढ़ते हुए से दिखते हैं,

जैसे जड़ों-टहनियों में सिमटे हैं!

शायद इसमें कुछ गहरा छुपा है,

प्रकृति की सीख से भरा है,

वर्चस्व की लड़ाई में एक ही जीत पाएगा,

फिर कुछ समय बाद वो भी राख हो जायेगा!

छल की यह चित्रकथा है या

वर्चस्व की लड़ाई की कहानी!

१7. संयुक्त परिवार

आज़ादी के स्वाद में,

संगठन का प्रसाद रह गया,

निजता के प्रभाव में,

परिवार अभाव में रह गया!

ना जाने कितने घर

घर बनने से रह गए,

ना जाने कितने लम्हे,

लम्हे बनने से रंह गए!

ना जाने कितनी कहानी,

किस्से बनने से रह गई,

ना जाने कितनी ममता,

प्यार बनने से रह गई!

चकाचौंध के दो पलों के लिए,

सहनशीलता का मीठा दर्द रह गया,

इस अंधाधुंध भागदौड़ में,

परिवार टुकड़ों में होकर रह गया!

आज़ादी के स्वाद में,

संगठन का प्रसाद रह गया,

निजता के प्रभाव में,

परिवार अभाव में रह गया!

१8. मस्त पंछी

मस्त पंछी हैं, फिर से उड़ गए,

इस पिंजरे को तोड़ के हम तो भग गए!

पिंजरे के बारे में ना बताऊं

तो उड़ान कैसे नापोगे,

मन की दृढ़ता की शक्ति

तुम किस तरह भांपोगे,

छलांग जो लगाई गड़े से

उसकी गहराई में कैसे झांकोगे,

हिम्मत से भरे पंछी की

बढ़ाई किस तरह हांकोगे!

अंधेरा इतना था कि,

मानो रूह कांप उठे,

डर इतना था कि,

मानो महिषासुर जाग उठे!

चींटी भी हाथी जैसे दिखने लगे,

आंसुओं से आंखे पल-पल भीगने लगे!

ऐसा कुछ पिंजरा था, शब्दों से कैसे बताऊं,

गहराई का थोड़ा सा, तो अहसास दिलाऊं,

पर, एक छोटी सी बात जाते-जाते सुनाऊं,

मस्त पंछी हैं, फिर से उड़ गए,

इस पिंजरे को तोड़ के हम तो भग गए!

१9. मन करता है

आज फिर जीने का मन करता है,

हंसने गुदगुदाने का मन करता है!

अधूरे ख्वाबों को उत्कर्ष से देखने,

उतार-चढ़ाव की चढ़ाई चढ़ने,

किसी भी रुकावट से ना डरने,

का मन करता है!

रिश्ते-दोस्तों पे भरोसा करने,

टेढ़े-मेढे रास्तों पे बेझिझक चलने,

किसी भी अंजाम से ना डरने,

का मन करता है!

सड़क पे बच्चों की तरह खेलने,

ट्रेन की खिड़की से घंटों बाहर देखने,

अनजान सड़कों पे सफर करने,

का मन करता है!

आज फिर जीने का मन करता है,

हंसने गुदगुदाने का मन करता है।

20. बनता संवरता हुआ घर

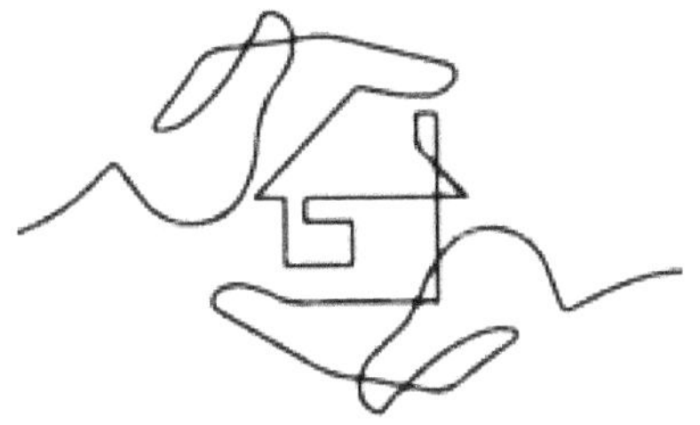

धीरे-धीरे बन रहा है आशियाँ हमारा,

बनता संवरता प्यारा सा घर हमारा!

खुदी हुई मिट्टी की सौंधी-सौंधी खुशबू,

सीमेंट भरे पत्थरों की चलती गुफ़्तगू,

पानी से भीगी ईंटों की मोहक महक,

बिना छत वाली दीवारों पे पक्षियों की चहक!

सारी चीज़ों की लंबी सी फ़ेहरिस्त बनाना,

फिर खरीदी चीज़ों को सूची से हटाना,

अधूरी दीवारों का पूरा होने की बेसब्री,

जैसे भगवत प्रसाद मैं घुली हुई मिश्री!

धीरे-धीरे बन रहा है आशियाँ हमारा,

बनता संवरता यह प्यारा सा घर हमारा!

21. योगा मैट

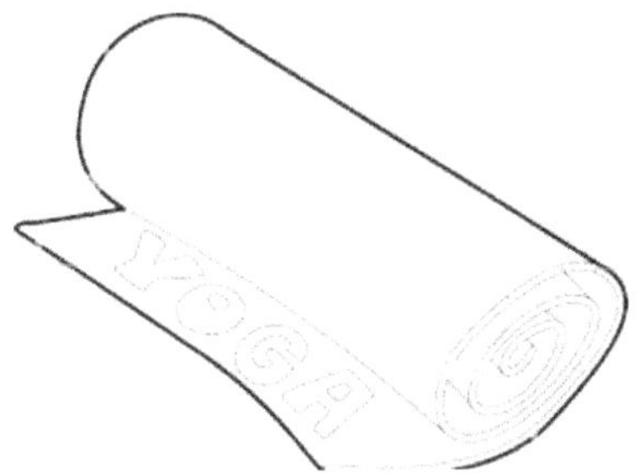

सिकुड़ी सी पड़ी रहती हूं मैं,

एक कौने में घुसी रहती हूं मैं,

सलवटे पड़ गई हैं इतनी मुझमें,

अब प्रेस से भी सीधी नहीं होती मैं!

बिखरी पड़ी सिसकती हूं,

पड़ोसन से थोड़ी जलती हूं,

इंतज़ार करते-करते बिफरती हूं,

पसीने नहीं अश्रु से भीगती हूं मैं!

कहने को तो योगा मैट हूं मैं,

अलमारी की बस दोस्त हूं मैं,

मालकिन को देखा नहीं कभी,

पास वाली मैट अन्दर आई अभी!

अपने मालिक के किस्से सुनाएगी अभी,

जलाएगी भुनाएगी जलमुहुई अभी,

अपनी सीधी कमर दिखाएगी अभी,

चिड़ाते हुए चैन से सो जाएगी अभी!

सिकुड़ी सी पड़ी रहती हूं मैं,

एक कौने में घुसी रहती हूं मैं,

कहने को तो योगा मैट हूं मैं,

अलमारी की बस दोस्त हूं मैं!

22. खुशी क्या है जनाब ?

खुशी क्या है जनाब?

कभी सड़क पे टहलते-फिरते,

"जय श्री कृष्ण" बोलिए किसी अनजान वृद्ध को,

यह सम्मान की अनुभूति ही तो खुशी है !

खुशी क्या है जनाब?

कभी खरीदे भोजन से,

बांट के देखिए किसी गरीब को,

यह तृप्ति की अनुभूति ही तो खुशी है!

खुशी क्या है जनाब?

कभी अपने कीमती वक्त से,

समय निकालिये अपनों के लिये

यह संवेदना की अनुभूति ही तो खुशी है!

खुशी क्या है जनाब?

लिस्ट तो बहुत लंबी है,

ढूंढ लीजिए आप भी छोटी सी कोई,

यकीन मानिये खुशी ही खुशी है!

23. माना उम्र के साथ

माना उम्र के साथ,

टीवी का रिमोट वहीं रहता है,

बस "छीना-झपटी" बंद हो जाती है,

आम की गुठली वैसी ही आती है,

बस, "मेरी है" कहीं गुम हो जाती है!

माना उम्र के साथ,

स्कूटी वैसी ही खड़ी रहती है

बस, "आगे कौन" वाली जंग ख़त्म हो जाती है!

कपड़े तो उतने ही आते हैं,

बस, "किसके अच्छे" वाली बहस बंद हो जाती है!

पर उम्र के साथ,

चाहे मुलाकातें कम हो जाती हैं,

पर मिलने की ललक वही रहती है,

चाहे बातें-शरारतें कम हो जाती हैं,

पर रिश्ते की गांठ वही रहती है!

24. बात करते हैं!

अकेले रहने की बात करते हैं,

फिर अकेलेपन से सिसकते हैं,

खुद पे भरोसे की बात करते हैं,

फिर संदेह से थोड़ा घिरते हैं!

ज़िंदगी चलाने की बात करते हैं,

फिर भीड़ और शोर से डरते हैं,

चुपचाप रहने की बात करते हैं,

फिर सन्नाटे से क्यों हिचकते हैं!

हंसने-हंसाने की बात करते हैं,

फिर अंदर से क्यों सिसकते हैं,

रुकने-ठहरने की बात करते हैं,

फिर तेज़ी से क्यों दौड़ते-चलते हैं!

अकेले रहने की बात करते हैं,

फिर अकेलेपन से सिसकते हैं,

खुद पे भरोसे की बात करते हैं,

फिर संदेह से थोड़ा घिरते हैं!

25. आशियां हमारा

आओ चलो तुम्हें दिखाएं आशियाँ हमारा,

एक सुंदर सा होने वाला घर हमारा!

ख्वाब जो बुने थे खुली आंखों से,

जोड़ लिया था जिनको सांसों से,

पूरा होने वाला है ख्वाब हमारा,

एक सुंदर सा होने वाला घर हमारा!

बचपन किसी का फलेगा इसमें,

अठखेलियों का दंगल चलेगा इसमें,

नए सपने उड़ान भरेंगे इसमें,

नई खट्टी-मीठी यादें जुड़ेंगी इसमें!

अरे इतनी आगे की सोच में बह गए हम,

अभी तो तयारी है बहुत कम,

तिनका-तिनका करके इसे महकाना है,

मीठी और थकान भरी योजनाओं से सजाना है!

आओ चलो तुम्हें दिखाएं आशियाँ हमारा,

एक सुंदर सा होने वाला घर हमारा!

26. उदासी में काहे शर्म है

उदासी में काहे शर्म है

आज दिल थोड़ा उदास है,

आज थोड़ी टूटी सी आस है,

उखड़ी-उखड़ी सी सांस है,

खो गया कोई सपना खास है!

सपने सिर्फ सपने ही होते हैं, भ्रम है,

आँखें नहीं होती यूँ ही नम हैं,

यह मलाल नहीं असली गम है,

इस उदासी में काहे शर्म है!

रास्ते के पल रोमांच से भरे थे,

सपना पूरा सा होने लगा था,

दुख तो है मंज़िल ना मिलने का,

इतने करीब होके फिसलने का!

उखड़ी-उखड़ी सी सांस है,

खो गया कोई सपना खास है,

यह मलाल नहीं असली गम है,

इस उदासी में काहे शर्म है!

27. भारत के त्यौहार

"वासुदेव कुटुंबकम", हमारी पहचान,

विविधता में एकता हमारी शान!

रंग-बिरंगी होली दिलों को मिलाती,

पटाखों से भरी दिवाली रोशनी फैलाती,

ईद उल-फितरपे सब गले मिल जाते,

बैसाखी मैं फसलें कटने का जश्न मनाते!

ओणम शास्त्रों पे अटूट विश्वास दर्शाती,

दुर्गा पूजा माता की भक्ति सिखाती,

गुरु पूर्णिमा गुरु महत्व समझाती,

गणेश चतुर्थी लोगों में खुशियां लाती!

एक कविता में त्योहारों को समेटना मुश्किल है,

भारत की सहनशीलता का मीठा फल है,

"वासुदेव कुटुंबकम", हमारी पहचान,

विविधता में एकता हमारी शान!

28. चंद्रयान ३ की कामयाबी

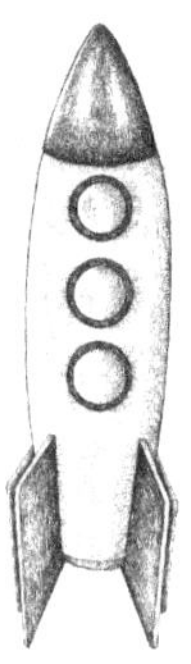

धरती की आशिकी चांद से सुहानी है,

कवियों की प्रेरणा यह बहुत पुरानी है!

"फलक से चांद लाने" की बात होती थी

ग़ज़लें-गाने चांदनी समेटने तक सीमित होते थे

"चंदा मामा दूर के" हर मां की लोरी में होती थी,

चांद को छू लेने की बस बातें होती थी!

अब ग़ज़लों-गानों का दायरा बढ़ने वाला है,

अब लोरियों से "दूर के" हटने वाला है,

अब धरती की आशिकी को मंज़र मिलने वाला है,

अब चांदनी नहीं चांद धरती पे आने वाला है!

छूने की बात अब बात नही चांद को सच में छू लिया,

भारत ने अपने सूपातों के बल पे इतिहास रच दिया!

धरती की आशिकी चांद से सुहानी है,

कवियों की प्रेरणा यह बहुत पुरानी है!

29. क्या है कोई ऐसी जगह

क्या है कोई ऐसी जगह,

जहां शोर में भी शांति हो,

क्या है कोई ऐसी जगह,

जहां शब्दों में भी मौन हो,

क्या है कोई ऐसी जगह,

जहां भीड़ मैं भी एकांत हो,

क्या है कोई ऐसी जगह

जहां अनजाने भी अपने हो!

भगवान की जय कर जहां,

वहां शोर में अनोखी शांति है,

भजनों के द्वारा भक्ति है जहां

वहां शब्दों में मौन का रस है,

गुरु के चरण है जहां,

वहां भीड़ में भी एकांत है,

भक्तों का साथ है जहां,

वहां अनजाने भी लगते अपने हैं!

क्या है कोई ऐसी जगह,

हां, एक ऐसी जगह!!

30. कलम और मन

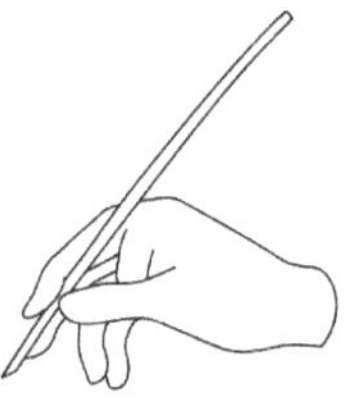

आज ना जाने क्यों नहीं लगे मन,

ललकार मचा रहे थे कुछ प्रश्न,

आसान नहीं थे उत्तर उनके,

बिखरे थे हर कोने में तिनके!

दोस्त रूपी कलम उठाई और की हिम्मत,

प्रश्नों के उत्तर दूंगा चाहे कितनी हो दिक्कत,

पहले प्रश्न ने मन को घेरा,

क्या अंधकार के बाद होता है सवेरा?

कलम ने हाथों से कागज़ पे लिखवाया,

प्रकृति का नियम सुंदरता से समझाया,

रखने पड़ेगी समुंदर जैसी अटूट हिम्मत,

रखना पड़ेगा पहाड़ जैसा अटूट संयम,

पृथ्वी गोल घुमाते हुए सूरज के पास जाएगी,

जब तक चंद्रमा की रोशनी रास्ता दिखाएगी!

अभी खत्म नहीं हुआ उत्तर पहले का,

इतने में दूसरा गोता लगाने आ गया मन का,

मन और कलम में भयंकर लड़ाई हुई,

बहकने और बहकाने की नोक-झोंक हुई!

कलम ने मंद-मंद मुस्कराते हुए

अपने आप को कागज़ पे चलाया,

कलम ने धीरे-धीरे खिसकते हुए,

मन को समझाने लगा, जितना समझ आया!

परिस्थितियाँ अनुकूल हों ज़रूरी नहीं,

साथ निभाए हर कोई ज़रूरी नहीं,

मन तू जितना संभाल पाएगा,

ठोकरें-ठेस कम खायेगा,

आशाओं में जितना कम उलझेगा,

खुद विश्वास रख जितना झुलसेगा,

जल गया तो प्रेरणा बन जायेगा,

सुरक्षित निकला तो सवेरा लायेगा!

लिखाई देख मन का हौसला बढ़ा,

रास्ता अभी काफी लंबा पड़ा,

तिनका-तिनका करके फिर सजाऊंगा,

प्रेरणा बन दोस्तों को सुनाऊंगा,

सीख के यह सब में सिखाऊंगा,

आत्मविश्वास इस तरह बढ़ाऊंगा,

कि मन उनका ना उलझे इन सारे प्रश्नों में,

और उलझे तो हिम्मत मिले कलम तेरी तरह
उत्तर ढूंढने गें।

३1. आँसू क्यों छलके

आज ना जाने आँसू क्यों छलके,

मंद मुस्कान के भीतर हल्के-हल्के,

अपना भी पराया सा सब लगता,

अदृश्य कांटा सा मन में चुभता!

आज ना जाने जीवन परछाई सा लगता,

मंद-मुस्कान के भीतर उदासी में सिकुड़ता,

अपना भी पराया सा सब लगता,

अदृश्य कांटा सा मन में चुभता!

इस पागल मन को समझाया,

हैं कोई-कोई अपने अभी,

फिर कुछ अधूरे सपने अभी,

दिख रही मंज़िल अभी,

बची है कुछ हिम्मत अभी!

इस पागल मन को समझाया,

रास्ता में कांटे तो आयेंगे,

तुझे भयभीत करेंगे और सताएंगे,

तुझे भरपूर तोड़ेंगे और झुकाएंगे,

पर रुकेंगे नहीं बस तू-मैं, चलते जायेंगे!

आज ना जाने आँसू क्यों छलके,

मंद मुस्कान के भीतर हल्के-हल्के!

32. गोल गप्पों का प्रचंड युद्ध

आज प्रचंड युद्ध हो रहा है,

दो गांव के गोल गप्पों में,

तलवारें निकल गई है दोनो के बीच,

देख, पानी राटक गया है अंदर ही मटके में!

आक्रोश में थे पहले गांव के गोल गप्पे ,

मालिक हमारा दिवालिया हो गया,

धंधा पूरा हमारा डाउन हो गया,

सुन के यह बात रह गए सब हक्के-बक्के!

मंद-मंद मुस्काए दूसरे गांव के गोल गप्पे,

मालिक इनका सेठ बन गया,

धंधा इनका सरपट चढ़ गया,

सुन के यह बात रह गए सब हक्के-बक्के!

ऐसा क्या अजब-गजब हो गया,

पहले गांव का व्यापार दूसरे गांव शिफ्ट हो गया,

गोल गप्पों की इस भीषण लड़ाई में,

बाकी सारा मार्केट सारा ठप हो गया!

आज प्रचंड युद्‍ध हो रहा है,

दो गांव के गोल गप्पों में,

तलवारें निकल गई हैं दोनो के बीच,

देख, पानी सटक गया है अंदर ही मटके में!

33. क्या बताऊं मेरे देश के बारे में

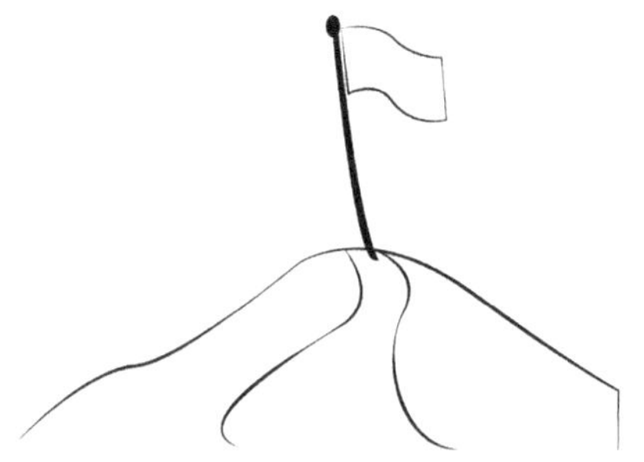

क्या बताऊं मेरे देश के बारे में,

जहां कोस-कोस में बदले पानी,

क्या बताऊं मेरे देश के बारे में,

जहां चार कोस में बदले वाणी!

राम-कृष्ण की पावन जन्मभूमि,

अपने आप बताएं एक कहानी,

माता-पिता के चरणों में स्वर्ग सिखाए,

ऐसी संस्कृति की नहीं कोई सानी!

कालिदास-सूरदास जैसे कोहिनूर की,

प्रेरणा स्त्रोत है यह धरती हमारी,

महाराणा प्रताप जैसे योद्धाओं की,

मातृभूमि है यह धरती हमारी!

गौरव गाथाओं से भरी हुई,

बलिदानों से सींची पड़ी,

वासुदेव कटुम्बकम पे चलने वाली,

ऐसी पावन देश की धरती हमारी!

क्या बताऊं मेरे देश के बारे में,

जहां कोस-कोस में बदले पानी,

क्या बताऊं मेरे देश के बारे में,

जहां चार कोस में बदले वाणी।

34. ममता

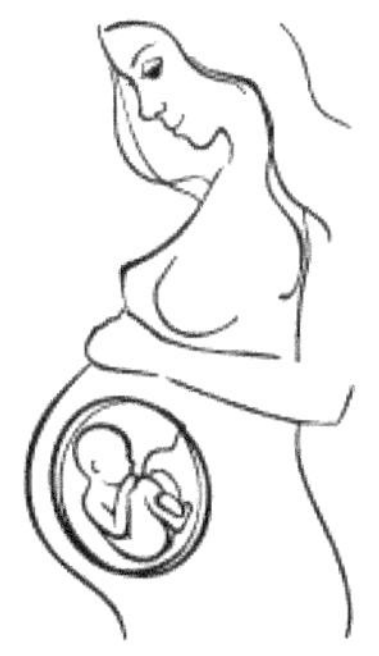

ममता कहां देखती देवकी-यशोदा,

अनमोल है, ना हो सकता इसका सौदा!

छुपे हुए आँसू छलका दे,

प्यार से जब वो सहला दे ,

आंचल में समेट परेशानियाँ सारी,

मां के रूप में अद्भुत नारी!

सागर से बड़ा हृदय कर लेती,

बरगद से बड़ी छांव कर लेती,

पर्वत से ऊंची खड़ी हो जाती,

पानी जैसी निर्मल हो जाती!

संज्ञा असीमित, पर ममता एक,

उसका ना मैल, रखो नाम अनेक,

ममता कहां देखती देवकी-यशोदा,

अनमोल है, ना हो सकता इसका सौदा!

35. समझ ही नही आया

कश्ती ने कब रास्ता मोड़ लिया,

समझ ही नहीं आया,

किनारे कब छूट गए,

समझ ही नहीं आया,

अस्तित्व पे सवाल उठने लगे,

समझ ही नहीं आया

भीड़ से अकेलेपन का सफर,

समझ ही नहीं आया!

इंसानियत से विश्वास कब गिरा,

समझ ही नहीं आया,

रिश्तों से मिठास कब हिली,

समझ ही नहीं आया,

दिल के दरवाज़े कब बंद किए,

समझ ही नहीं आया,

आँसू ने आंख में डेरा कब जमाया

समझ ही नहीं आया!

कभी हज़ारों की भीड़ में अलग दिख जाते थे,

पूरे विश्वास के साथ लोगों को समझाते थे,

जाने ये कैसे खत्म हुआ

कुछ समझ नहीं आया!

काश कोई इस किनारे पे मुझे पूरी तरह अपना ले,

काश कोई इस किनारे पे मुझे प्यार से सहला ले,

कश्ती मोड़ के दूसरे किनारे चलेंगे

यह कोई मुझे समझा ले!

www.ingramcontent.com/pod-product-compliance
Lightning Source LLC
Chambersburg PA
CBHW070546160726
48003CB00005B/1917